- ganbaru -

EL ARTE DE DAR TODO LO QUE

LLEVAS DENTRO

Daniel Fernández

@daniifernandeezz

FSC
www.fsc.org
MIXTO
Papel procedente de
fuentes responsables
Paper from
responsible sources
FSC® C105338

Impresión y editorial: BoD – Books on Demand
info@bod.com.es - www.bod.com.es
Impreso en Alemania – Printed in Germany"

ISBN: 978-84-1373-176-6

ganbaru

Se lo dedico a toda aquella persona que quiere expresarse y no sabe como, espero ser de ayuda.

- ganbaru -

es un libro repleto de frases, poemas y textos escritos en los momentos más sentimentales.

hay páginas de amor y páginas de tristeza, pero todas y cada una de ellas expresan el sentimiento concreto que experimenté en el momento en el que lo escribí.

con este libro quiero que más gente se anime a escribir lo que siente y a mostrarlo al mundo, a mostrarse al mundo tal y como uno es.

tómate tu tiempo en leerlo.

y no sé cómo
explicarte,

porque sentirlo es mejor.

un día sin ti,

es un día perdido.

he abierto los
ojos

y ya no estabas.

y

me tocó decirte con lágrimas en los
ojos que no podía seguir así;

igual que te había dicho que te
necesitaba;

igual que te había dicho cada "te
quiero",

igual que yo
me había creído los tuyos.

te quiero,

pero vas a estar mejor sin mí.

XIII

en estos últimos meses me he dado
cuenta de lo poco que valoramos
algunas cosas y ciertos momentos, no
apreciamos lo suficiente los instantes
de un abrazo o de simplemente una
risa.

las personas no están eternamente,
pero es algo que no estamos
dispuestos a asumir; nos pasamos la
vida pensando en el futuro, pero
ahora mismo es mejor hacer planes a
lápiz.

hablo por mí mismo cuando digo que
me paso más tiempo guardando el
dolor que pensando en lo feliz que fui

en algunos momentos. me paso más tiempo pensando en qué será de mi mañana cuando ahora mismo lo puedo estar pasando como nunca.

no pienses en que pasará cuando te suelte del abrazo. simplemente abraza más fuerte en ese momento porque puede ser el último y nunca sabrás cuando es el último de verdad.

y ojalá

encuentres a alguien que te haga ver
el mundo a través de los ojos con que
te veía yo a ti.

hemos pasado
mucho juntos.

paremos,

sentémonos

y miremos todo lo que hemos pasado;

juntos.

el problema,

es que pensamos que tenemos tiempo.

no tengo tanto
miedo

cuando me coges de la mano.

me encanta tenerte entre mis brazos

casi tanto como estar yo en los tuyos.

pase lo que pase

estaré ahí,

en los momentos buenos, en los malos
e incluso cuando no quieras que esté,
ahí estaré. sé que no me necesitas,
pero cuando estés cayendo voy a
estar ahí y te levantaré. cuando te
vengas abajo estaré ahí para ayudarte
y recordarte lo que vales.

a veces

te pienso tan fuerte

que creo que puedes oírme.

" tú nunca te has caído al suelo desde la cama porque alguien te estaba haciendo cosquillas "

de qué sirve mi mundo

si no quieres estar en él.

pensar que estás
haciendo las
cosas bien

y sentir que lo estás haciendo
todo mal.

y el destino dijo:

- conocerás al amor de tu vida,

pero nunca estarás con él -

de todas las
locuras

que hice por amor,

la más grande fue enamorarme.

he hecho tantas cosas mal

que no sé por dónde empezar a llorar.

estoy a tu lado

pero con ganas de verte.

dolió mucho más

porque me

prometiste que no

iba a pasar

y pasó.

pasan los días,

creo que voy mejorando, pero luego vuelve a ocurrir... vuelvo a sentir esa angustia, vuelve el insomnio y las ganas de llorar por todo y a la vez por nada.

voy a besar extraños.

me voy a emborrachar y voy a bailar durante toda la noche con mis amigos.

lloraré por ti en el suelo del baño,

pero aún así no voy a pedirte que vuelvas.

[18/11 0:29]: Cuando quieras,
mándame a tomar por culo.

[18/11 1:23]: ~~Nunca lo haré~~

perdí la cuenta

de las veces que perdí la cuenta.

la vida eterna

solo dura un rato.

no me pasa nada,

en parte no te miento, pero también me pasa todo.

quiero contártelo todo, pero ¿cómo te digo como estoy si no lo sé ni yo?

hay momentos en los que todo me abruma y la soga aprieta cada vez más. una soga hecha con pensamientos, responsabilidades, ansiedad y negatividad que cada vez te ahoga más. a veces ni siquiera sabes qué te pasa, y eso es lo peor, sabes que son mil cosas, pero es imposible expresarlas, porque cada sentimiento es más abstracto que el anterior.

cada día pienso en soluciones que nunca encuentro, en motivaciones que siempre acaban surtiendo el efecto inverso y hacen que me desmotive aún más, metas que se convierten en sueños frustrados e ilusiones que nunca llegan, y sí, el que espera se acaba desesperando.

que lo tenía todo.

se todo sae ben,

estarei contigo.

se todo sae mal,

estarei contigo.

no soy la mejor
persona del
mundo,

pero haría cualquier cosa por verte
feliz.

a veces olvido lo
que hice,

por eso me acuerdo.

quiero verte

consiguiéndolo todo.

XXVII

era el nuevo, pero ya no me siento el nuevo. me siento parte de algo, me siento parte de la vida de personas que hace 12 meses no conocía. me siento parte de la tuya y es que me encanta ser un pequeño hueco en tu vida.

te quiero muchísimo y lo único que no quiero es perderte. me haces feliz, me haces muy feliz. y es que sea donde sea y como sea, consigues hacerme reír.

no quiero que nada acabe, porque para mi aún acaba de empezar.

ya sabes que me cambiaste muchas cosas en la vida, aunque no te lo creas, me hiciste tomar buenas decisiones y dejar atrás malas compañías. y es que tú no hiciste ni dijiste nada, pero simplemente no quería ser como era antes porque no era la clase de persona que quería que llegases a conocer.

qué mal me explico joder.

has estado cuando he llorado más veces de las que crees. y aunque no me dieras un abrazo cada vez que lo necesitaba, sé que si te tuviera delante me lo darías.

hay veces en las que me dan bajones
enormes y lo único que quiero es
estar contigo y llorar tumbado
encima de ti.

ya no quedan
miedos,

se convirtieron en ganas.

te cuidaré

por las veces que no pude.

eres feliz?

o solo sonríes?

me abrazaste,

y me sentía de alguna forma la
persona más protegida del mundo
porque nada malo me podía pasar si
estaba contigo.

a todo renunciar

por estar junto a ti.

estamos en la edad de comernos el mundo

no la cabeza.

(8:22 a.m.)

mamá: ¿por qué sonríes?

đ: me está esperando a la lluvia.

hemos reído, llorado, gritado...

nos hemos puesto de los nervios, pero hemos

estado ahí cuando uno necesita al otro.

días sin hablar o días sin separarnos.

sin duda el año en el que realmente me enamoré de ti.

gracias por el mejor año de mi vida.

IX

y me diste, quizás, los mejores meses de mi vida.

después de tantos abrazos, de tantos lloros, de tantas risas y de tantos besos... después de que me arreglaras el corazón que tú mismo me habías roto, después de todo, aún te quiero

y es que es así.

recuerdo desde el primer abrazo, hasta el último beso. desde la primera vez que entré en tu casa, hasta el día en el que conocí a tu familia.

recuerdo tu cara de dormido cando dormía en tu casa. recuerdo sentarme encima tuya, abrazarte, que me

abrazaras, y llorar; que me abrazaras
más fuerte, y que no hubiera nada
más.

si por recordar, recuerdo hasta el día
en el que me besaste en tu casa.
recuerdo cada *piti* en tu ventana, y
recuerdo la noche en la que salimos
descalzos a la calle sin más, y no sé
tú, pero yo, esos 5 minutos que
estuvimos fuera, me sentía la persona
más viva del mundo me acuerdo de
quedarme dormido encima tuya, de
que pasase el tiempo, y aún así
sintiese que se había detenido.

recuerdo el beso de buenos días.

recuerdo la foto de tu comunión.

recuerdo cada partido de fútbol.

recuerdo todo lo que te quise.

y recuerdo todo lo que lloré.

y tú... seguro que no recuerdas nada.

lo bonito,

es saber bien con quién volar.

me encanta

esa sonrisa que sale de ti cada vez
que digo una tontería.

amo esa sensación de paz que siento
cuando estás conmigo o cuando me
hablas.

decidí dejarte entrar en mi vida
porque me di cuenta de que eres ese
alguien que necesito...

...para ser feliz.

ojalá

vuelvas a decirme algún día que me quieres y que te importo.

no sabes lo feliz que me hacías.

quien se enamore

primero,

pierde.

-        mierda   -

XVII

me vas a tener aquí, ya lo sabes, en
tus 17 y hasta que te canses de mi, de
mis ataques repentinos por querer
darte un abrazo o de mis textos de
madrugada. pero vaya, que espero
poder tirarte de la cama a cosquillas
con el bastón (qué fantasía,
recuérdame esto en 50 años).

quiero ser tu copiloto:

en el rally cuando seas el próximo
Pepe López, y en la vida,
aguantándote cada día.

y es que quiero estar contigo cada día

(y mira que tengo que estar loco para
querer aguantar tus chistes toda la
vida).

y simplemente

quiero vivir más

contigo.

porque a tu lado

no hay nada aburrido.

casi apago con lágrimas

el fuego que salía al quemar la foto
tuya que me habías dado en
Alemania.

quiero verte feliz

aunque no sea conmigo.

XII

pasé contigo momentos que a lo mejor tú no recuerdas, pero a mí me marcaron. como la primera vez que me llevaste en coche, veníamos de echarnos una foto en la puerta de un *puti* mientras te acompañaba a tu casa (y al final fuiste tú quién me llevo a la mía);

también me voy a acordar siempre de aquellos *colacaos* de las 9 de la mañana (que me levanté a las 7,30 solo para verte una hora, y lo volvería a hacer);

me acuerdo cuando estabas cerca de mi casa a las 12 de la noche v me

llamaste para que bajase 5 MINUTOS y
acabamos en casa de Belén y
grabando vídeos en el mirador a la
una de la mañana;

me acuerdo del rally, como para no
acordarme (aún me pica el cuello) y
de la señal de *"prohibido público"* que
tengo colgada en la pared.

se necesita mucha locura

para soportar tanta realidad.

y si es cierto que todo se acaba,

déjame ser tu

mejor recuerdo.

hazte a ti mismo

más grande que
tus excusas.

soportas lo
insoportable

y resistes.

si no era contigo,

no quería nada...

...y con nada es con lo que me quedé.

de amor nadie se muere,

pero joder, como duele.

ya no puedes caer
más

si estás a ras del suelo.

y me paso los
días durmiendo

porque así no pienso.

y sí,

la vida da muchas vueltas,
demasiadas. ofrece muchos
momentos de reír, pero también
noches de llorar.

de sonreír a tu lado y pasar a gritar
tu nombre con lágrimas en los ojos.

de llegar al punto de desear olvidarte;
eso es dolor, eso es la vida.

quererte. estar enamorado hasta de
las letras de tu nombre.

y no, lo nuestro no pudo ni podrá ser,
pero algo sí fue, y fue cariño: en cada
mensaje, en cada abrazo, en cada "te
quiero" e incluso en cada lloro.

y la vida sigue, pero no a tu lado.

el mundo

me da claustrofobia.

no sé si me enamoré de ti

o de la *perfecta* imagen que tenía en
 mi cabeza de ti...

...y de mi.

me jode que a
veces haga el
idiota y te haga
daño sin querer.

es lo último que quiero.

y me jode,

me jode encontrar a alguien que vale la pena y que quepa la posibilidad de perderlo.

naces solo

y mueres de la misma forma.

vive tu vida, porque el día que te
mueras no va a morir nadie contigo.

tú eras la razón

por la que me levantaba cada día
cuándo no tenía una razón.

tal y como no

quería

que acabase.

tengo unas ganas
locas de decirte
que te quiero

pero no puedo.

¿cómo hemos llegado al punto

de ni conocemos?

si una vida sin ti
me dio para
escribir un libro,

una vida contigo me daría para
100.000 libros más.

porque cada día a tu lado es una
nueva historia que escribir.

antes

tenías (más) ganas de verme.

echo de menos

los días en los que me echabas de menos.

(6/11 11:20 p. m.)

despierto o soñando voy a verte a ti
asique.

te pienso

miles de horas al día.

me tuve que
conformar

con soñar que me abrazabas.

quizás no hice suficiente.

o quizás hice de más.

no sé si es peor

verlo

o imaginarlo.

no me sé las
reglas del juego,
pero las intuyo.

o nos ganamos hoy,

o nos perdemos.

y...

es por la forma en la que te miro por
la que todo el mundo se da cuenta;

es por la forma en la que me haces
ver el mundo, por lo que me di cuenta
yo...

que eres tú con quién quiero
compartir cada recuerdo de mi vida.

no tengo plan de futuro.

(no tengo ni de presente)

me monto
películas

para vivir dentro de ellas

y no vivir mi vida de verdad.

me queda toda la
vida por delante

y siento que se me está acabando.

aquel no pudo ser

nuestro último abrazo.

estoy viviendo mi vida

y mi vida es un sin vivir.

hoy no me apetecía

(aparentar) estar feliz.

que no te hable

no significa que no me muera de ganas de hablarte.

tengo el cuerpo
lleno de heridas
que no se ven,

pero duelen.

no hemos podido
ser.

the end

y si me lo pidieras lo dejaría todo. el dinero, la carrera... todo.

me arriesgaría y me iría contigo a donde fuera.

pasaría la vida recorriendo Europa en nuestro propio coche de rally, yendo a todas y cada una de las competiciones.

me encantaría llegar a los 70 años y que siguiera siendo así: tú, yo y un coche; recorriendo todo el mundo y que lo único que nos preocupase es pillar un buen sitio.

porque es la vida que nos merecemos.

porque es la vida que quiero
construir...

...a tu lado.